To the Reader . . .

The **Raintree Hispanic Stories** series includes Hispanics from the United States, Spain, and Latin America, as well as from other countries. Just as your parents and teachers play an important role in your lives today, the people in these books also played an important part in your life. Many of these Hispanics lived long ago and far away. They discovered new lands, built settlements, fought for freedom, made laws, wrote books, and produced great works of art. All of these contributions were a part of the development of our country and its rich and varied cultural heritage.

These Hispanics had one thing in common. They had goals, and they did whatever was necessary to achieve those goals, often against great odds. They did not give up. What we see in these people are dedicated, energetic men and women who had the ability to change the world . . . and make it a better place. They should be your role models. Read these books and learn from their examples.

Frank de Varona
General Consulting Editor

General Consulting Editor
Frank de Varona
Associate Superintendent
Bureau of Education
Dade County, Florida, Public Schools

Consultant and Translator
Gloria Contreras
Professor of Social Studies
College of Education
North Texas State University

Library of Congress Number: 88-38061

1 2 3 4 5 6 7 8 9   94 93 92 91 90 89

Library of Congress Cataloging-in-Publication Data
Thompson, Kathleen
   Miguel Hidalgo y Costilla / Kathleen Thompson & Jan Gleiter.
   —(Raintree Hispanic stories)
   English and Spanish.
   Summary: A biography of the Mexican priest who led his Indian followers to revolt against the Spaniards and became known as "The Father of Mexican Independence."
   1. Hidalgo y Costilla, Miguel, 1753-1811—Juvenile literature.
   2. Mexico—History—Wars of Independence, 1810-1821—Juvenile literature.   3. Catholic Church—Mexico—Clergy—Biography—Juvenile literature.   4. Revolutionists—Mexico—Biography—Juvenile literature.   [1. Hidalgo y Costilla, Miguel, 1753-1811.   2. Revolutionists.   3. Mexico—History—Wars of Independence, 1810-1821.   4. Spanish language materials—Bilingual.]   I. Gleiter, Jan, 1947-   .   II. Title.   III. Series: Thompson, Kathleen. Raintree Hispanic stories.
F1232.H57T48   1988   972'.03'0924—dc19   [B] [92]   88-38061
ISBN 0-8172-2905-1 (lib. bdg.)

MIGUEL HIDALGO Y COSTILLA

Jan Gleiter and Kathleen Thompson
Illustrated by Rick Karpinski

Raintree Publishers
Milwaukee

In the year 1753, Miguel Hidalgo y Costilla was born on the farm his father managed. He was the son of middle class parents, with noble ancestors. He would one day be called the "father of the Mexican revolution."

As a child Miguel had the run of the farm and he loved it. He spent a lot of his time with the workers. He learned what made up their lives—long, back-breaking work and terrible poverty.

Like the rest of North and South America, Mexico had been conquered by a European country that took the land away from the native Americans. People from Spain now owned the land and native Americans worked for them.

Spain also ruled Mexico, making laws and demanding taxes. As in the United States, the people would one day demand their freedom. But in Mexico, there would be a difference. The native Americans would be part of the revolution.

Miguel Hidalgo y Costilla nació en 1753 en un rancho administrado por su padre. Sus padres eran de clase media y sus antepasados pertenecieron a la nobleza. Llegaría a ser llamado el padre de la independencia mexicana.

Cuando Miguel era niño disfrutaba la vida del rancho. Pasaba mucho tiempo con los trabajadores. Conoció el tipo de vida que llevaban; demasiadas horas de trabajo agotador y una pobreza terrible.

Como el resto de Norte y Sudamérica, México había sido conquistado por un país europeo que le quitó sus tierras a los indígenas. Así los españoles eran los dueños de las tierras y los indígenas trabajaban para ellos.

España también gobernaba a México, hacía las leyes y fijaba los impuestos. Así como en los Estados Unidos, el pueblo algún día exigiría su libertad. En México esto sería diferente. Los indígenas serían parte de la revolución.

When Miguel was fourteen, his father sent him away
to school. He was a very good student. By the time
he was twenty, he had two college degrees. He went on
to be a teacher and to win prizes for his writing about
religion. Soon, he was head of the College of San
Nicolás.

And then one day, he left the college and went to be a
priest in a country church. No one knows exactly why. A
year after that, he went to a church in San Felipe.

Cuando Miguel cumplió catorce años, su padre lo
mandó a estudiar. Era muy estudioso. A los veinte
años ya había conseguido dos títulos universitarios. Se
hizo maestro y ganó varios premios por sus escritos
religiosos. En corto tiempo llegó a ser director del
Colegio de San Nicolás.

Un día dejó la universidad y fue de sacerdote a una
iglesia rural. Nadie sabe exactamente por qué, un año
después se fue a una Iglesia en San Felipe.

While Miguel Hidalgo was at San Felipe, the church leaders began to hear that he had some unusual beliefs. At that time, in Spain, there was something called the "Inquisition." It was a kind of court, and it investigated people who did not believe everything the Roman Catholic church said they should.

Someone told the inquisition that Miguel Hidalgo did not believe in hell, that he didn't have enough respect for the popes, and that he was known to dance, play games, and listen to music. It was also said that he had argued that there should be no kings. For some reason, Hidalgo was not punished. No one knows how many of the things that were said against Hidalgo were true. But it does seem that the rebel was beginning to come out in him.

Mientras Miguel estaba en San Felipe, los líderes de la iglesia empezaron a oir que tenía ciertas creencias extrañas. En ese tiempo en España había lo que se llamaba la Inquisición. Era como un tribunal investigador de aquellas personas que no creían en todo lo que la Iglesia Católica Romana decía que debían creer.

Alguien le dijo a los de la Inquisición que Miguel no creía en el infierno, que no tenía gran respeto a los Papas, y que se sabía que bailaba, jugaba y escuchaba música. También se decía que él había discutido el que no debería haber reyes. Por alguna razón Miguel no fue castigado.

Nadie sabe cuantas de las cosas que se decían contra Hidalgo eran ciertas. Pero sí parece que la rebeldía empezaba a asomar en él.

Miguel Hidalgo was fifty years old when he moved again, to the church known as Our Lady of the Sorrows in the village of Dolores. It was in Dolores that he began to make some of his dreams come true.

In Dolores, he created a factory that included a carpenter shop, a blacksmith shop, a place where pottery was made, and even a room for making silk. The factory was a step toward improving the lives of the native Americans in the village. More than a hundred years later, there were still eighty-four mulberry trees in Dolores that Hidalgo had planted for feeding the silkworms.

Miguel Hidalgo tenía cincuenta años cuando otra vez se mudó a la iglesia de Nuestra Señora de los Dolores en el pueblo de Dolores. Fue en el pueblo de Dolores donde empezó a realizar sus sueños.

En Dolores estableció un taller que incluía una carpintería, una herrería, un lugar para hacer alfarería y hasta un sitio para hacer seda. El taller fue un medio para mejorar la vida de los indígenas del pueblo. Más de cien años después, ochenta y cuatro de las moreras plantadas por Hidalgo para dar de comer a los gusanos de seda, aún existían.

At Hidalgo's home in Dolores, the rich and the poor gathered for parties and dances. Whites and native Americans came together to talk about their country's problems.

Hidalgo worked more and more with the people and the factory. Finally, he shared his salary with another priest, who began to do some of Hidalgo's religious duties.

In the meantime, the people of Mexico were growing more unhappy with Spanish rule. There were a few small attempts to rebel against the government, but they all failed. Hidalgo's feelings about Mexican independence grew stronger.

By 1810, Hidalgo was meeting in secret with others who felt the way he did, including Ignacio Allende. They began to make plans for a revolution.

En la casa de Hidalgo en Dolores, pobres y ricos se reunían para fiestas y bailes. Los blancos y los indígenas se juntaban para hablar acerca de los problemas del país. Hidalgo trabajaba cada vez más con la gente y en el taller. Posteriormente compartió su sueldo con otro sacerdote quien empezó a desempeñar algunos de los deberes religiosos de Hidalgo.

Entre tanto la gente de México estaba cada vez más incomforme con el gobierno español. Hubo algunos pequeños intentos para rebelarse contra el gobierno pero todos fracasaron. Los sentimientos de Hidalgo acerca de la independencia se intensificaron.

Ya en 1810 Hidalgo se reunía en secreto con otros que pensaban como él, incluyendo a Ignacio Allende. Ellos empezaron a hacer planes para una revolución.

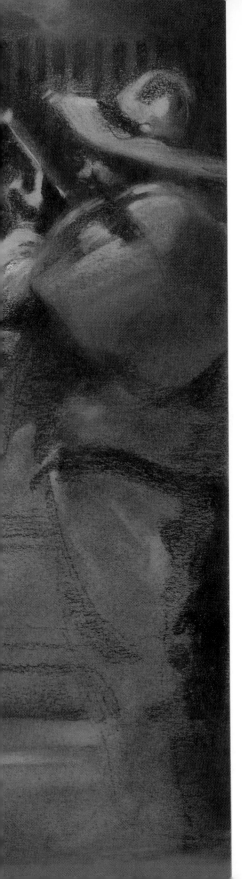

Before Hidalgo and the others could complete their plans, rumors about them reached the government. But the government official who was supposed to investigate the group—Miguel Domínguez—was actually a member of it, and so was his wife. Josefa Ortiz de Domínguez sent a secret message to the others, telling them that their plans were known.

When the message reached Hidalgo, he was asleep. But the moment he was told, the war for Mexican independence began. Hidalgo declared that the revolutionaries now had no choice. He himself led a group of them to the village jail, held a gun to the jailer's head, and freed all the people who had been put in jail for speaking or acting against Spain.

Antes de que Hidalgo y los demás pudieran terminar sus planes, los rumores de lo que pensaban hacer llegaron a oídos del gobierno. Pero el oficial del gobierno que debía investigar al grupo, Miguel Domínguez, en realidad era miembro de él, así como su esposa Josefa Ortiz de Domínguez. Esta les mandó un mensaje secreto avisándoles que ya se habían descubierto sus planes.

Miguel estaba dormido cuando llegó el mensaje. Pero al momento que se lo comunicaron, la guerra de Independencia dió comienzo. Hidalgo declaró que ya los revolucionarios no tenían otra alternativa. El mismo dirigió a un grupo de ellos a la cárcel del pueblo. Le puso la pistola en la cabeza al carcelero y libertó a los presos que habían hablado o actuado contra España.

Hidalgo's crowd of freedom fighters grew quickly that night. There were workers and priests, soldiers and musicians. They had swords, spears, clubs, stones, and a few guns. Some were on foot, some on horseback. It is said that the church bell was rung to call the people to fight. Years later, that bell was taken to the National Palace in Mexico City. It became known as the Independence Bell of Mexico.

La multitud de independentistas que luchaban por la libertad con Hidalgo creció rápidamente esa noche. Habían trabajadores y sacerdotes, soldados y músicos. Traían espadas, lanzas, garrotes, piedras y algunas armas. Unos iban a pie y otros a caballo. Se dice que se tocó la campana de la iglesia para llamar a la gente a pelear. Años después esa misma campana fue llevada al Palacio Nacional de la ciudad de México. Se conoce como la Campana de la Independencia.

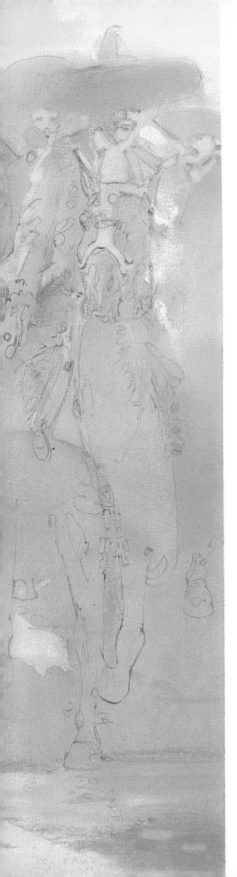

Hidalgo's army was soon on the march. As they went along, they were joined by native American workers in every town along the way. In San Miguel el Grande, Hidalgo was publicly declared the leader of the revolution. Then the army marched on toward Celaya.

As they approached Celaya, the revolutionaries sent a message demanding that the Spanish mayor of the town surrender. The message said that if anyone shot at the revolutionaries, seventy-eight Spanish prisoners would be killed. The mayor surrendered. Hidalgo's army took Celaya.

El ejército de Hidalgo pronto se puso en marcha. Mientras avanzaban se le iban uniendo trabajadores indígenas de todos los pueblos. Hidalgo fue declarado líder de la revolución en San Miguel el Grande. El ejército entonces marchó hacia Celaya.

Cuando se acercaban a Celaya, los revolucionarios le mandaron un mensaje al alcalde español para que se rindiera. El mensaje decía que si alguien disparaba sobre los revolucionarios, ellos matarían a setenta y ocho prisioneros españoles. El alcalde se rindió. El ejército de Hidalgo capturó Celaya.

Thousands of recruits joined the army at Celaya, and Hidalgo moved on. Ignacio Allende was at his side. By the time they reached Guanajuato, there were fifty thousand men in the revolutionary army. Guanajuato was a very wealthy city and there, in a building called the *Alhóndiga de Granaditas,* the Spanish stored their treasures. The man in charge was an old friend of Hidalgo's named Juan Antonio Riaño.

Hidalgo sent a message to Riaño asking him to surrender, but Riaño refused. He sent to San Luis Potosí for help from the military commander there. It never came.

On the morning of September 28, Hidalgo's army attacked. Riaño was killed early in the battle, and the defense of the city quickly fell apart. Many of the people of Guanajuato went over to Hidalgo's side. The Alhóndiga was taken.

The wealth of the Spanish supporters of the king was in the hands of the revolutionaries.

Miles de reclutas ingresaron al ejército en Celaya, e Hidalgo continuó su avance. Ignacio Allende iba a su lado. Cuando llegaron a Guanajuato, ya había cincuenta mil hombres en el ejército revolucionario. Guanajuato era una ciudad muy rica y allí, en un edificio llamado *La Alhóndiga de Granaditas,* los españoles guardaban sus tesoros. El hombre que estaba al frente era un viejo amigo de Hidalgo llamado Juan Antonio Riaño.

Hidalgo le mandó un mensaje a Riaño pidiéndole que se rindiera pero éste rehusó. Pidió ayuda al comandante de San Luis Potosí que nunca llegó.

El ejército de Hidalgo atacó la mañana del 28 de septiembre. Mataron a Riaño al comienzo de la batalla y los defensores de la ciudad fueron derrotados. Mucha de la gente de Guanajuato se unió a Hidalgo. Se capturó la Alhóndiga.

El tesoro de los que apoyaban al rey cayó en manos de los revolucionarios.

What followed was terrible, and even Hidalgo could
not stop it.

Now, the army took everything in sight in Guanajuato.
They destroyed shops and looted houses. They pulled on
pieces of rich Spanish clothing over their own rags. They
killed people and looted the city.

Hidalgo set up a rebel government and moved on.

Lo que siguió fue terrible y ni Hidalgo pudo evitarlo.
Ahora los indígenas tomaron todo lo que estaba a la
vista en Guanajuato. Destruyeron tiendas y saquearon
las casas. Se pusieron ropa de los españoles ricos sobre
sus harapos. Ellos mataron y saquearon la ciudad.

   Hidalgo estableció un gobierno rebelde y siguió
adelante.

From Guanajuato, Hidalgo went on to Valladolid, Acámbaro, Maravatío, and Toluca. There was a battle with the enemy at the Monte de las Cruces and the revolutionaries won again. More men joined Hidalgo. The way was open to attack the capital.

Hidalgo did not attack. He said later that he did not have enough guns and bullets. Some people say that was the turning point in the revolution. He marched away from the city. On the road, he met the Spanish army, which was marching towards the city. This time, the Spanish army won. They managed to take most of the revolutionary army's supplies.

De Guanajuato, Hidalgo marchó a Valladolid, Acámbaro, Maravatío y Toluca. Hubo una batalla con el enemigo en el Monte de las Cruces y los revolucionarios ganaron otra vez. Más hombres se unieron a Hidalgo. El camino estaba abierto para atacar la capital.

Hidalgo no atacó. Después dijo que no tenía suficientes armas y municiones. Algunas gentes dicen que esto cambió el curso de la guerra de independencia. Se marchó lejos de la ciudad. En el camino se encontró al ejército español que marchaba hacia la ciudad. Esta vez el ejército español ganó. Ellos se llevaron casi todas las provisiones de los revolucionarios.

Hidalgo's army scattered. Hidalgo went one direction and Allende the other. But the revolution was still very much alive. A few weeks after the defeat, Hidalgo entered Guadalajara to cries of welcome from the people. He set up a revolutionary government and began to issue decrees. He issued a decree stating that all slave owners should free their slaves within ten days or be killed by the revolutionary army. He was the first revolutionary leader in Spanish America to hit out against black slavery. He issued decrees guaranteeing equality to native Americans. Other decrees prevented his own soldiers from taking supplies without paying for them. He also started publishing a newspaper. And he sent an ambassador to the United States to make a treaty.

El ejército de Hidalgo se dispersó. Hidalgo tomó un rumbo y Allende otro. Pero la revolución seguía viva. Unas cuantas semanas después de la derrota, Hidalgo entró a Guadalajara con gritos de la gente que lo recibía con alegría. Estableció un gobierno revolucionario y empezó a expedir decretos. Aprobó un decreto en el que se establecía que todos los dueños de esclavos debían darles libertad en diez días o el ejército revolucionario los matarían. Fue el primer líder revolucionario en Hispanoamérica que actuó contra la esclavitud. Dictó decretos garantizando la igualdad a los indígenas. Otros decretos prohibían a sus propios soldados tomar provisiones sin pagar por ellas. También empezó a publicar un periódico y mandó un embajador a los Estados Unidos para hacer un tratado.

Hidalgo's ambassador never reached the United States. He was captured by the Spanish and died in prison. In the meantime, two forces of the Spanish army marched toward Guadalajara. Hidalgo prepared for a battle. He moved his forces to a range of hills near a bridge over the river Calderón. Allende warned him against a direct fight, but Hidalgo was confident. He had ninety thousand men. The Spanish had only ten thousand.

But the Spanish soldiers were trained. They had the best guns and ammunition money could buy. They had an experienced military commander.

Still, at moments it looked as if Hidalgo's forces would win the day. Suddenly, however, a terrible fire broke out in Hidalgo's camp. The revolutionaries were forced to run away.

El embajador que Hidalgo mandó nunca llegó a los Estados Unidos. Lo capturaron los españoles y murió en la cárcel. Entre tanto dos columnas del ejército español marchaban hacia Guadalajara. Hidalgo se preparó para la batalla. Situó sus fuerzas en unas lomas cerca de un puente sobre el río Calderón. Allende le advirtió que no se enfrentara directamente, pero Hidalgo estaba muy confiado. El tenía noventa mil hombres. Los españoles únicamente diez mil.

Pero los soldados españoles estaban preparados. Tenían las mejores armas y municiones que se podían comprar. Ellos tenían un comandante con experiencia.

Aún así, a veces parecía que las fuerzas de Hidalgo iban a ganar. De repente, sin embargo, un terrible incendio estalló en el campo de Hidalgo. Los revolucionarios se vieron obligados a huir.

After the battle of Calderón, Allende took over leadership of the revolution. The Spanish offered Hidalgo a pardon if he would give up the cause of Mexican independence, but he refused. Finally, he and the other leaders were captured, put on trial, and shot. The Mexican war for independence lasted another ten years.

Some people have called Miguel Hidalgo y Costilla a saint. And some have called him a monster because of what his followers did. It is probably closer to the truth to say that he was a man of great courage who hated injustice, loved freedom, but did not have all the skills or leadership qualities to succeed at doing what needed to be done.

He did not free Mexico, but he did set that country on the road to freedom.

Después de la batalla de Calderón, Allende tomó el mando de la lucha. Los españoles le ofrecieron a Hidalgo el perdón si abandonaba la causa de la independencia mexicana, pero el lo rehusó. Al final, él y los otros líderes fueron capturados, juzgados y fusilados. La guerra de independencia duró otros diez años.

Algunos han llamado a Miguel Hidalgo y Costilla un santo. Otros lo han llamado un monstruo por lo que hicieron sus seguidores. Probablemente es más cierto que fue un hombre de gran valor que odiaba la injusticia, amaba la libertad, pero no tuvo la habilidad o el don de líder para triunfar haciendo lo que debiera hacerse.

El no liberó a México pero lo puso en el camino hacia la libertad.

GLOSSARY

blacksmith   A person who forges iron.

decree   An official order that has the force of law.

freedom fighter   A person who is involved in a movement to establish the independence of a country.

Inquisition   At one time, a religious tribunal that investigated and punished heresy.

rebel   A person who takes part in a rebellion.

recruit   A person who has newly entered a military force.

GLOSARIO

decreto   Disposición tomada por alguna autoridad. Resolución de carácter político o gubernativo.

herrería   Fábrica en que se forja el hierro.

independentista   Partidario del movimiento que reclama la independencia en un país.

inquisición   Tribunal eclesiástico establecido para investigar y castigar lo considerado delito contra la fe católica.

rebeldía   Insubordinación, indisciplina.

recluta   Mozo que se alista voluntariamente en el ejército.